Encantamentos
de
Govenka Morgan

OutrasPalavras

Encantamentos de

Govenka Morgan

8ª. edição

Magia de Sorte e Prosperidade

Fotocomposição e projeto gráfico: Outras Palavras
Capa: Betina Schmid, Estúdio Alemdalenda

Coordenação Editorial:
Heloisa Galves
Regina Maria Azevedo

Tradução e adaptação: Heloisa Galves

Outras Palavras Produções Editoriais e Comércio Ltda.
Rua Santo Egídio, 709, cj. 141
02461-011 São Paulo SP
Telefax (0--11) 6236-4823
e-mail: outras-palavras@uol.com.br

OUTROS TÍTULOS DE SEU INTERESSE:

Série **ENCANTAMENTOS DE GOVENKA MORGAN**
Volume I - **Magia Amorosa**
Volume II - **Magia de Proteção**
Volume III - **Magia de Sorte e Prosperidade**
Biblioteca da Bruxa - Reúne os 3 volumes em embalagem luxo

Série **TODA MAGIA**
Volume I - **Aradia, o Evangelho das Bruxas**
de Charles G. Leland

Série **PEQUENO LIVRO ALEMDALENDA**
de Regina Maria Azevedo e Heloísa Galves
Volume I - **Amor**
Volume II - **Anjos**
Volume III - **Virtudes**
Volume IV - **Sorte**
Presente de Amigo - Reúne os volumes **Amor, Anjos e Virtudes** em embalagem luxo

Série **TRADIÇÕES MÁGICAS**
Volume I - **Tradições Mágicas dos Ciganos**
de Don Adamo Calderon

Série **ORAÇÕES MÁGICAS**
Volume I - **O Livro das Orações Mágicas**
do Abade Julio Houssay
Volume II - **O Livro das Orações Milagrosas**
de Regina Maria Azevedo

Série **ANJOS E ELEMENTAIS**
Volume I - **Anjos de Deus**
de Anna C. Alves, Marina E. Costa e Regina M. Azevedo
Volume II - **O Livro dos Duendes e Outros Seres Mágicos**
de Heloísa Galves

Apresentação

O que é a Sorte? Será mesmo obra do acaso ou uma bênção que recebemos quando nos dedicamos com empenho na direção de um objetivo?

Muitas pessoas acreditam firmemente na máxima "Peça e lhe será dado". Algumas, porém, esquecem de fazer a sua parte e ficam esperando uma fórmula mágica que resolva todos os seus problemas...

A Arte nos ensina a entrar em sintonia com as forças da natureza, mas exige de nós a nossa parcela de contribuição. Podemos ir em direção à Sorte e trilhar o caminho da Prosperidade, desde que tenhamos a consciência de que nada cai do Céu.

Somente quem acredita na Sorte e almeja a Prosperidade para todos, sem egoísmo, se torna merecedor delas e é capaz de acolhê-las, usufruindo de seus benefícios.

Se você acredita, aceite os ensinamentos da Arte e confie na sabedoria da Grande Deusa para seguir adiante com sucesso.

Boa Sorte!!

Sobre a Autora

Antes que Govenka nos procurasse na Alemdalenda já sentíamos no ar um clima misterioso, como se algo muito importante estivesse por acontecer. No meio da tarde, nossa intuição se confirmou.

Govenka entrou pela loja e, aproximando-se de nós, apresentou-se sem muita cerimônia. Pediu-nos que sentássemos por alguns minutos e, depois de contar um pouco da sua história, perguntou qual a nossa relação com a magia e, mais especificamente, com a bruxaria wiccaniana.

Revelamos então nossa simpatia pela Grande Arte e, logo depois, sempre com uma expressão enigmática no rosto, despediu-se, saindo apressadamente e prometendo mandar notícias em breve.

Durante semanas comentamos sobre aquela estranha mulher e a mágica impressão que nos causou, por sua firmeza e seus conhecimentos. Mas, uma dúvida pairava no ar: por que Govenka nos procurara, encantando-nos com suas histórias e deixando apenas reticências no ar? A resposta nos veio através de um pacote amarrotado que chegou dias depois. Remetente? Govenka Morgan. Procedência? Uma cidade escondida nos confins da Inglaterra!!

O curioso pacote trazia antigos manuscritos com encantamentos amorosos e tradicionais de Wicca, um material mágico impecável. Para nós representava um pequeno tesouro em nossas mãos.

É este tesouro que queremos compartilhar com você, com as bênçãos das bruxas e a permissão de Govenka... Quando optamos por publicá-lo, nos dispusemos a dedicar todo o nosso empenho à obra; e, a ela, toda a nossa admiração. Este terceiro volume, que contém ensinamentos de sorte e prosperidade, vem cobrir uma lacuna na literatura esotérica em língua portuguesa acerca de encantamentos tradicionais de wicca voltados a essa magia. Para que você conheça mais acerca de seu próprio poder e possa usá-lo sempre em seu próprio benefício, sem prejuízo dos demais.

Heloisa Galves

Sobre a Wicca

Quando começamos a organizar o Espaço Cultural Alemdalenda, fomos procurados por inúmeras pessoas interessadas em Wicca.

Alguns buscavam orientação bibliográfica, outros queriam cursos e palestras sobre a Grande Arte; outros ainda buscavam o conhecimento wiccaniano de fonte viva e tradicional. Para estes, recomendávamos paciência, já que a Antiga Bruxaria procura conhecer seus futuros iniciados com intimidade e tempo.

Uma religião ancestral, como a Fé dos Bruxos, cerca-se de uma autêntica bruma quando necessário. Mas o tempo foi passando e a bruma deu lugar ao Sol. Podemos hoje contar com bruxos de várias denominações e famílias em nosso convívio diário.

Govenka Morgan é uma bruxa tradicional britânica e pertence a um Coven (grupo wiccaniano) de linhagem irlandesa. Nascida em Londres, concluiu seus estudos nas áreas de História e Literatura. Recentemente optou pela publicação de alguns de seus trabalhos ligados à Wicca.

Este terceiro volume — *Encantamentos de Govenka Morgan, Magia de Sorte e Prosperidade* —, reúne pérolas da sabedoria wiccaniana acerca do uso de elementos da natureza para realizar seus desejos e amparar seu lado material, igualmente importante e necessário para aqueles que se propõem ao desenvolvimento espiritual.

As recomendações aqui apresentadas abrangem receitas naturais e práticas mágicas cerimoniais. Podem ser praticadas por pessoas iniciadas na Tradição ou por não-iniciados. São o tesouro de uma bruxa que se preocupa em dividir sua sabedoria milenar, amealhada ao longo de muitos anos dedicados a essa religião de Amor, Serenidade e Harmonia.

Oração para a Grande Mãe, Senhora dos Quatro Elementos

(preceito diário)

Eu me levanto hoje
Pela força dos Céus
Luz do Sol
Brilho da Lua
Resplendor do Fogo
Presteza do Vento
Profundidade do Mar
Estabilidade da Terra
Firmeza da Rocha

Primeira Lição da Magia de Prosperidade

Nenhuma prosperidade é mais importante que aquela que enriquece o espírito. Nenhuma magia ou feitiço germina num terreno inóspito. Antes de tudo, é preciso fertilizar-se com a *ética* para ponderar nossos desejos, *sabedoria* para saber pedir só aquilo que pudermos carregar e *altruísmo* para saber repartir o muito — ou mesmo o pouco — que vai chegar

Anel da Fortuna

Esta antiga magia teve sua origem na região do Reno e é praticada através dos séculos graças aos seus incríveis resultados. Colha uma flor amarela em um dia de sol (peça antes licença às fadas).
Pegue o caule da flor e faça com ele um anel que caiba perfeitamente no seu dedo indicador. A flor deve ser enterrada junto com um papel em que estejam escritos seus desejos de prosperidade. Use o anel por 3 dias. Depois, prepare-se para agradáveis surpresas.

Magia do Louro

As folhas de louro podem ser utilizadas para uma interessante magia de poder. Durma com algumas folhas debaixo do seu travesseiro toda vez que tiver uma situação importante para resolver no dia seguinte. Ao acordar, queime-as na chama de uma vela amarela.

Através desta prática, o elemental dessa planta permanecerá a seu lado por um certo período, dando-lhe força e poder pessoal para resolver com sucesso qualquer situação que se apresente.

Leite Espiritual

É importante conectar-se com a Terra para sentir-se seguro e forte. Uma boa maneira de recarregar-se com a energia da Grande Mãe é sentir toda a sua plenitude abraçando demoradamente uma árvore ou deitando-se confortavelmente em um jardim.

É assim que somos alimentados com seu leite espiritual. Esse alimento é, em geral, aquele de que estamos mais carentes. Faça isso todos os dias e sinta seu magnetismo pessoal aumentando notoriamente.

Dom da Pirita

A pirita de ferro tem a propriedade de atrair prosperidade. Uma ótima magia para essa finalidade consiste em enterrar uma pirita nas raízes de uma árvore na primeira noite da Lua Nova. Deixe a pedra ali durante toda essa fase.

No primeiro dia da Lua Crescente, desenterre-a e leve-a sempre com você. Magnetizada pelo poder da Terra e da Lua, sua pedra mágica estará ainda mais poderosa.

Lista Mágica

Para alcançar a prosperidade, habitue-se a fazer uma lista por escrito das suas reais necessidades. Examine-a com honestidade e veja se tudo o que está ali relacionado é indispensável para fazê-lo feliz. Expresse seus desejos em valores *("quantos mil $ serão necessários para eu obter tudo isso?")* e deixe a mente aberta para as oportunidades que surgirão pelo caminho, visando sua realização.

Especiarias Especiais

Especiarias como cravo e canela atraem a prosperidade. Utilize-as em suas receitas favoritas ou carregue-as numa bolsinha azul-turquesa confeccionada especialmente para essa finalidade.

Lembre-se de repetir seu desejo enquanto tempera seu prato ou costura seu saquinho mágico. Dessa maneira, estará liberando os efeitos encantatórios dessas plantas aromáticas.

Cédula Magnética

A Lua Crescente exerce atração magnética sobre todas as coisas expostas à sua energia. Pegue uma cédula (de qualquer valor) e deixe-a dormir por 3 noites sob as bênçãos da Lua Crescente. Deixe-a repousando sobre um jardim ou coloque-a presa do lado de fora da sua janela.

Coloque essa nota na sua carteira, certamente ela atrairá muitas outras. Mas tenha o cuidado de marcá-la para nunca se desfazer dela.

Magia de Outono

Numa manhã de outono, escolha uma árvore, aproxime-se dela e tente apanhar as folhas que se despregam antes de cair no chão. Você tem 13 minutos para fazer isso. Quanto mais folhas conseguir colher durante esse período, mais a prosperidade lhe será favorável.

Guarde com cuidado as folhas que você conquistou. Elas representam seu pequeno tesouro.

Magia das Fadas

A canela sempre foi usada para magias de prosperidade e pode ter seu resultado potencializado se utilizada de acordo com esta receita originária de uma antiga irmandade mística conhecida como *"A Senda das Fadas":*

Acenda num jardim um incenso de canela, escolha uma flor e, segurando sempre o incenso, faça com que as cinzas caiam formando um círculo em volta da flor escolhida. Peça então que a fada dessa flor oriente seus caminhos rumo ao sucesso. Há milênios as fadas atendem esse código tão singular.

Tesouro dos Gnomos

Outra magia de prosperidade pode ser feita com o auxílio dos gnomos e é muito utilizada pelas bruxas escocesas. Seu efeito é surpreendentemente rápido.

Faça uma caixinha com uma casca de noz e coloque ali 3 trevos de 3 folhas (as bruxas autênticas sabem que a verdadeira magia está no número 3, portanto esse é o trevo poderoso), 3 grãos de milho e um cristal. Enterre o tesouro e ofereça-o aos gnomos da terra. Eles ficarão tão contentes com o presente, que retribuirão generosamente com a energia da prosperidade.

Dias da Prosperidade

Os melhores dias da semana para iniciar uma prática de prosperidade são domingo, quinta-feira ou sexta-feira, consagrados, respectivamente, ao Sol, Júpiter e Vênus. O Sol, astro-rei, simboliza o poder, a criação. Júpiter, planeta mensageiro e da comunicação, faz as coisas chegarem até você; e Vênus representa a fertilidade, a capacidade de conceber, gerar e fazer crescer seus projetos.

Cores da Prosperidade

As cores da prosperidade também se relacionam a esses planetas. Escolha aquela que combina mais com seu gosto ou estado de espírito: amarelo e dourado para o Sol, turquesa e púrpura para Júpiter, verde, rosa e cobre para Vênus.

Use-as combinadas ou separadamente, nas suas roupas, objetos ou decoração de sua casa e ambiente de trabalho.

Altar de Canela

Para resultados rápidos em questões de dinheiro ou sucesso, poucos encantos são mais eficazes que o altar de canela:
Acenda num mesmo lugar uma vela *(elemento fogo)* e um incenso *(elemento ar)* aromatizados com canela. Acrescente três pedaços de canela em casca *(elemento terra)* e um recipiente com essência de canela *(elemento água)*. Seu altar de prosperidade está pronto. Será bom repetir a prática por 3 dias seguidos.

Caixa do Sucesso

Para aumentar seu poder diante de pessoas importantes envolvidas em assuntos profissionais de seu interesse, faça o seguinte talismã:

Encontre uma caixinha de madeira bem pequena e coloque dentro dela uma folha de louro e um citrino. Feche-a e despeje sobre ela 3 gotas de lima. Está pronta a sua caixa do sucesso. Leve-a com você sempre que quiser um "auxílio extra" para assuntos de sorte e prosperidade.

Escalando o Girassol

O girassol é a flor dedicada ao Sol, portanto uma das mais empregadas em magias de prosperidade.

Vamos plantar essa flor simbolicamente, pois o mais importante não será o resultado físico desse plantio, mas o poder da sua imaginação. Em um domingo ensolarado, plante, num jardim ou vaso, 11 sementes de girassol. Enquanto despeja as sementes na terra, imagine as flores crescendo e se erguendo em direção ao Sol. Imagine-se agora escalando seu caule e sinta o calor do astro-rei invadindo seu corpo, enchendo-o de energia.

Agora você tem as armas necessárias para triunfar, qualquer que seja o seu desejo de prosperidade. Aproveite!

Plantando Sorte

A sorte é, na verdade, a semente de nossos desejos. Sabendo como plantá-la, vamos colher nossas realizações em balaios enormes. Esta magia é tão simples quanto preciosa, um verdadeiro presente para os que souberem aproveitá-la.
Escolha um desejo, de preferência um daqueles que você persegue há tempos, pois este, certamente, faz parte do seu destino. Faça então um buraco num jardim; formule seu desejo em palavras e, para cada palavra pronunciada, jogue uma semente de flor na cova, pausadamente. Tampe o buraco com terra e aguarde.
Se o ritual foi feito com fé e imaginação, em breve você terá uma incrível — e agradável — surpresa!

Palavra Mágica

Quando damos nomes às coisas ou situações estamos outorgando a eles existência e poder. Crie, portanto, uma palavra mágica que será sua chave para acionar as esferas da magia.

Essa palavra deverá ter 11 letras e uma sonoridade que agrade seus ouvidos. Lembre-se: você é o senhor do seu espaço mágico. Assim, toda vez que proferir essa palavra, imagine muita luz em sua direção.

A repetição desse pensamento é tudo de que precisa para transformar essa palavra, pouco a pouco, em seu mantra de poder pessoal.

Número Mágico

De acordo com os antigos cabalistas você pode encontrar seu número mágico ou de poder. Para isso, basta contar as letras do seu primeiro e último nomes (se tiver mais nomes pelo meio, ignore-os nesta prática) e depois somá-las.

Por exemplo, alguém chamado Ana Maria Ferraz, basta somar 3 (Ana) + 6 (Ferraz)=9 (ignore o "Maria"). Assim, 9 é o número de sorte de Ana. Quanto mais vezes nosso número pessoal de sorte aparecer em nossos documentos, números de residência, placas de carro, etc., mais sorte e poder atrairá para nós.

Obs: Se a soma dos algarismos resultar num número de dois dígitos, some-os novamente. Assim: Sandra Benazzi: 6+7=13; 1+3=4. Vale o 4 como número de sorte para Sandra.

Espelho da Sorte

Esta é uma antiga magia irlandesa muito utilizada pelos camponeses e posteriormente introduzida — devido a seus incríveis resultados — nos mais altos clãs.

Pegue um pequeno espelho e unte-o com uma mistura de sal e limão. Aguarde uma noite de Lua Crescente e "aprisione" a Lua no espelho. Olhando então para o seu reflexo, peça a realização de um desejo ou invoque prosperidade em seu caminho. Seu espelho ficará magnetizado. Repita a prática por mais 2 dias seguidos.

Despertando a Sorte

A sorte é uma força que dorme conosco, mas, se não for despertada pela manhã, continuará dormindo, pois como toda força mágica também precisa ser desencantada.

Durma sempre com um copo d'água ao seu lado (ele será o símbolo da sua sorte). Pela manhã, antes de colocar os pés no chão, bata 3 vezes no copo com algum objeto de ouro (de preferência um anel, corrente ou outro objeto pessoal). Pronto, sua sorte foi despertada.

Esse ritual embora simples tem um magnífico efeito. Experimente!

Moedas de Batata

Utilizar os recursos da Mãe-Natureza para encenar uma situação que idealizamos na vida real sempre foi uma técnica amplamente empregada na magia. Por isso, uma boa maneira de atrair dinheiro e prosperidade é esculpir moedas em rodelas de batata. Faça 7 moedas de batata e coloque-as num saquinho de pano. Enterre-as sob os raios de sol num domingo e peça que seu "tesouro" se multiplique. Lembre-se de que, na natureza, o conteúdo *(o efeito mágico)* depende muito da forma...

Bolo Mágico

Esta é uma magia de prosperidade utilizada pelas *stregas* (bruxas) italianas. Prepare a massa de um bolo (qualquer receita) e inclua nesse preparo muita imaginação. Enquanto mexe a mistura imagine seu desejo se manifestando e adquirindo forma dentro de você. Prepare tudo com carinho e fé e leve ao forno...

Este bolo representa a realização do seu desejo; se ele crescer satisfatoriamente, esteja certo de que seu desejo de prosperidade está próximo de se realizar.

Sapato de Leprechaun

Os leprechauns são os famosos duendes irlandeses que adoram consertar sapatos e outras peças do vestuário. Por isso, é uma antiga tradição daquele país deixar na janela, em noite de Lua Cheia, um sapato velho com três moedas dentro. Dizem que eles ficam tão contentes com esse gesto, que, em troca, trazem sorte e prosperidade para aquele lar...

Estrela da Sorte

Numa noite estrelada de quinta-feira (dia consagrado a Júpiter), sente-se em seu jardim ou debruce-se confortavelmente na sua janela. Feche os olhos e gire seu dedo indicador na direção do céu. Abra-os então e observe para qual estrela seu dedo aponta. Peça a essa sua estrela da sorte a realização de um antigo desejo. Em seguida, acenda uma vela laranja em agradecimento.

O Segredo dos Gnomos

Os gnomos são seres mágicos responsáveis pelo elemento Terra. Por essa razão, seu poder muito foi estudado pelos alquimistas em sua eterna busca pela *pedra filosofal* (a transformação de chumbo em ouro). Por isso, pedir um desejo aos seres da Terra — aqueles que têm o poder da concretização — sempre foi uma constante na Bruxaria. Assim, faça seu pedido aos gnomos falando claramente o que quer, como quem fala a uma criança. Faça isso, de preferência, ao pé de uma árvore ou entre pedras, num bosque. Em troca, deixe no local uma maçã, uma noz e sete pedras coloridas.

Magia do Arco-Íris

Diz a lenda que no final do arco-íris existe um pote de ouro. Nesta magia "imitaremos" a natureza para atrair a prosperidade. Pegue 7 carretéis de linha (nas 7 cores do arco-íris) e prenda suas pontas juntas em algum lugar de um jardim. Vá desenrolando os carretéis em seguida, "viajando" com o seu arco-íris o quanto quiser. Nesse instante você é a própria natureza. Imagine-se como tal e deixe sua intuição escolher um bom lugar para o arco-íris terminar. Enterre ali o seu tesouro: 3 moedas. Recolha-as na manhã seguinte e creia, você tem nas mãos um autêntico talismã de prosperidade.

Árvore de Gaia

Gaia é a grande Mãe-Terra, a suprema criadora e o princípio divino de fertilidade, abundância e prosperidade. Agradar uma deusa tão poderosa, certamente nos trará um pouco de sua extrema força e energia. Uma das maneiras de agradá-la é plantar uma muda de árvore e dedicá-la à deusa, de preferência no mesmo dia da semana em que você nasceu. Não tenha dúvida, seu poder pessoal crescerá com a arvorezinha e o elo entre vocês se tornará cada vez mais forte.

Ponte Sobre o Rio

Existe uma prática muito antiga para afastar a má sorte e todos os obstáculos de sua vida. Escreva tudo o que quer afastar de seu caminho em um pedaço de papel. Em seguida, dirija-se até a ponte mais próxima de sua casa que passe sobre um rio.
Atravesse-a — a pé ou de carro — e jogue o papel no rio. As águas vão levar todos os males para bem longe, e quando você estiver do outro lado da ponte... prepare-se!! Uma nova e positiva fase se inciará em sua vida.

Ética e Magia - I

Peça somente o necessário. Evite desperdícios. Não utilize meios desonestos para obter bens materiais, prejudicando quem quer que seja. A Wicca tradicional é extremamente ética e suas práticas visam o benefício de todos. Confie: o que é seu por direito lhe será dado...

Ética e Magia - II

Jogos de azar não fazem parte da Tradição. Quem acredita neles como uma forma "mágica" de obter dinheiro está redondamente enganado. A magia oferece os instrumentos para que você consiga o que quer, mas o talento e a boa vontade em utilizá-los depende da sua iniciativa e do seu livre-arbítrio.

Prata da Prosperidade

Se você tem uma moeda ou qualquer outro pequeno objeto de prata, enterre-o o mais próximo possível da porta da entrada de sua casa. Se mora em apartamento, coloque-a em algum lugar escondido no hall de entrada. Esta prática traz prosperidade e abundância para seu lar.

Turquesa Rainha

A turquesa é uma pedra nobre e sempre foi associada a fortuna e abundância. Procure uma turquesa com, no mínimo, um centímetro de diâmetro e energize-a deixando por uma noite de Lua Crescente dentro de uma taça de cristal cheia d' água. Sua turquesa estará energizada e pronta para trazer-lhe a prosperidade

Chave da Fortuna

Esta é uma prática que requer, antes de mais nada, arte e imaginação. Faça uma chave a partir de materiais da natureza como gravetos, folhas, grãos, cascas, etc. Dedique a esse trabalho carinho e energia, faça a chave mais bonita que puder. Agora você já tem a sua chave mágica.

Com ela você será capaz de abrir todas as portas, todos os caminhos. Pendure-a na entrada do seu quarto e, sempre que tiver um desejo profundo, imagine-se com essa chave na mão abrindo a porta que esconde esses desejos...

Fadas da Noite

As fadas da noite são entidades intimamente ligadas à terra. São criaturas especiais e possuem o mágico poder de abrir caminhos e facilitar situações.
Para chamá-las, coloque em sua janela um prato com mel misturado a perfume de flores. Acenda 3 velas cor de rosa e ponha para tocar uma música alegre. Imagine as fadas se aproximando, dançando ao ritmo da música. Peça então a elas a realização dos seus desejos mais profundos. Acredite no poder da sua imaginação, pois disso depende o sucesso na concretização do seu pedido.

Magia da Pena Amarela

Uma pena de ave amarela é um amuleto de sorte muito eficiente. Se você encontrar uma (jamais arranque-a de uma ave, você deve encontrá-la no chão), coloque-a dentro do seu travesseiro e estará com a sorte a seu lado. Lembre-se de acender, de vez em quando, um incenso em agradecimento ao elemento ar por essa oportunidade.

Lua Criança

Quando a Lua Crescente ainda está parecendo um suave sorriso de criança, é o momento mágico. Concentre-se na Lua e faça seu pedido procurando rimar as frases. A linguagem rimada agrada essa lua-criança, que se recordará do seu pedido quando se transformar em adulta (Lua Cheia). Nesse período ela realizará o seu desejo.

Amuleto Pessoal

Um bom amuleto para atrair a sorte pode ser feito com pequenos pedaços de objetos que foram importantes em sua vida (uma folha de agenda, um botão de roupa usada numa data inesquecível, etc.). Coloque alguns desses fragmentos num saquinho e leve-o sempre com você.

Alfinete Dourado

Prender um alfinete dourado do lado de dentro da carteira é uma antiga prática para atrair a prosperidade e a fortuna. Porém, a tradição ensina que, antes de ser colocado na carteira, o alfinete deve fica preso por 7 dias numa folha de qualquer ávore cujas flores sejam amarelas ou de cor laranja.

Três Reinos

O elemento terra comanda nosso lado material e é composto pelos reinos mineral, vegetal e animal. Experimente este talismã: Amarre uma fita amarela numa rocha ou pedra por 3 dias. Em seguida, deixe a mesma fita amarrada numa árvore mais 3 dias. Por fim, amarre-a no pescoço de seu animal de estimação por igual período. Depois guarde-a com você; ela é um talismã de prosperidade imantado pelo poder dos 3 reinos.

Anel da Sorte

Enterre um dos seus anéis preferidos ao pé de uma árvore de flores amarelas numa noite de Lua Nova. Deixe-o ali até o primeiro dia da Lua Crescente (de preferência desenterre-o no horário de entrada dessa Lua). O anel estará magnetizado, transformando-se num poderoso amuleto de sorte e prosperidade.

Vinho de Dionísio

Numa noite de Lua Cheia coloque um pouco de vinho tinto numa taça de cristal e deixe-a por alguns instantes sob os raios do luar. Depois, convoque Dionísio, o deus do vinho, e peça a ele que lhe propicie um novo período em sua vida, cheio de alegria e prosperidade. Tome então três goles do vinho em sua homenagem e sinta-se revigorado.

Espalhando Prosperidade

Para atrair a prosperidade você pode utilizar os poderes mágicos da raiz de valeriana, sementes de mostarda ou a casca de sândalo. Guarde essas plantas mágicas na carteira, no cofre ou na gaveta onde costuma guardar dinheiro. Se preferir, triture-as bem secas, até obter um pó, e espalhe por esses lugares.

Presente do Destino

Se você deseja ganhar um presente do destino, é preciso presenteá-lo também. Durante toda uma semana, pratique boas ações, fazendo, a cada dia, algo que nunca fez antes em benefício de alguém (uma pessoa, a natureza, um animal). Faça-o de todo coração e observe. No final de 7 dias, seu presente estará lhe esperando, de alguma forma, em algum lugar que lhe será revelado.

Apêndice
Três Rituais Sagrados

1 - As 4 Cidades Encantadas

Quando os deuses celtas (Thuata de Danan) invadiram a Irlanda, vieram de 4 cidades mágicas. De cada uma trouxeram um diferente dom. De Gorias (Leste), trouxeram a espada divina; de Fínias (Sul), a lança invencível; de Murias (Oeste), o caldeirão de Dagda e de Falias (Norte), a pedra sagrada Lia Fail.
Cada um desses símbolos representa um elemento da natureza. O mito simboliza a soberania dos Thuata sobre os 4 elementos.

Preparação:

Cada um dos 4 elementos está relacionado a um aspecto do ser humano. A pedra *(terra)*, simboliza o lado material ou prático do homem, o caldeirão *(água)*, o aspecto emocional, a espada *(ar)*, o lado racional e a lança *(fogo)*, o aspecto espiritual. O objetivo do ritual é alcançar a harmonização desses 4 aspectos fundamentais em nossas vidas.

Execução:

Com a ajuda de uma bússola, monte um altar circular colocando um cristal no norte, uma vela verde ao sul, um incenso aceso ao leste e um recipiente com água a oeste. Depois de montado o altar, agradeça aos deuses celtas e aproveite para pedir harmonia e sorte.

2 - Homenagem a Cernunnos

Cernunnos é o deus celta da força e da energia. Este ritual feito em sua honra tem o poder de nos trazer um pouco de sua força e abrir os caminhos para a prosperidade.

MATERIAL NECESSÁRIO:

1 vela verde ***(simbolizando você)***
1 vela marrom ***(simbolizando obstáculos)***
1 vela laranja ***(simbolizando prosperidade)***

EXECUÇÃO:

Primeiramente acenda a vela verde e repita as seguintes palavras:

"Eu clamo por mudanças.
Esta é a minha certeza.

Abra meus caminhos,
traga-me os sinais!"

Em seguida, acenda a vela marrom e repita:

" Má sorte, caia.
Obstáculos, caiam.
Que nada se oponha
ao meu sucesso!"

Por fim, acenda a vela laranja e diga:

"Sorte e Prosperidade
estão agora comigo.
Ajude-me, Deus Sol.
Venha para mim!"

3 - Disirblot

Em outubro você pode comemorar o Disirblot, o Grande Festival dedicado à deusa germânica Freya, líder das valquírias. Esse é um festival de força e grande poder. É o momento de transformar-se em guerreira e lutar por aquilo que deseja.

Material Necessário:

1 vela laranja *(simbolizando Freya)*
1 vela vermelha *(simbolizando você)*

Execução:

Para despertar sua guerreira interior, acenda a vela laranja e a vela vermelha. Empunhe sua espada imaginária e levante-a, traçando um círculo de energia à sua volta. Em seguida, sentindo a presença de Freya, repita:

"Grande Freya,
líder das valquírias,
venha ao meu auxílio
e faça-me ser
forte novamente."

Deixe-se invadir pela força de Freya. Agora você estará pronta para perseguir com sucesso seus desejos.